© Evelin Monschein
Grafische Gestaltung: Simone Irene Monschein
Herstellung und Verlag: BoD - Books on Demand, Norderstedt
ISBN 9783837045833
März 2008
Zweite verbesserte Auflage August 2016

Evelin Monschein

YOGA

ÜBUNGEN FÜR JEDEN TAG

INHALTSVERZEICHNIS

VORWORT

Als ich begonnen habe, mich mit Yoga auseinanderzusetzen, war ich etwa 38 Jahre alt. Meine Mutter war gerade gestorben. Die Zeit, die ihrem Tod vorangegangen war, war sehr intensiv und auch sehr belastend für die gesamte Familie gewesen – allem voran für meine Schwester und mich. Wir hatten danach das dringende Bedürfnis, diese schwierige Zeit von uns abzuschütteln, und die effizienteste Methode schien uns damals zu sein, unverzüglich irgendeine Aktivität zu starten. Und so entschlossen wir uns dazu, einen Kurs zu besuchen

Meine Schwester - in sich handwerkliches Geschick vermutend - schlug einen Makramee-Kurs vor. Damit konnte ich allerdings überhaupt nichts anfangen. Ich selbst wollte – voller Vertrauen in meine musikalische Begabung - einen Panflötenkurs besuchen, womit wiederum meine Schwester nichts anfangen konnte. So entschlossen wir uns, an einem Yogakurs teilzunehmen, denn damit konnten wir beide nichts anfangen.

Und damit begann mein Leben sich nachhaltig zu verändern.

Meine Vorstellung von Yoga war damals etwas naiv. Ich wusste schon, dass Yoga nicht nur aus Entspannen und Sitzen im Lotussitz besteht, sondern auch körperliche Übungen beinhaltet. Aber erstens war ich mir meiner absoluten Gelenkigkeit sicher, denn ich erinnerte mich noch gut an meine Jugend, in der ich sehr sportlich gewesen war. Ich hatte meine körperliche Beweglichkeit in den letzten 15 Jahren zwar nie überprüft, war aber auch nicht auf die Idee gekommen, sie anzuzweifeln. Und zweitens war ich der Meinung, Yoga sei sowieso etwas für ältere Damen – so eine Art Pensionistenturnen – und ich sah mich im Geiste bereits als unumstrittene Königin einer hilflos der Steifheit des Alters ausgelieferten Damentruppe glänzen.

Nun, die Stunde der Wahrheit kam alsbald. Natürlich waren nicht alle in der Yogagruppe jung, und natürlich waren auch nicht alle gleichermaßen gelenkig. Trotzdem war ich keineswegs der leuchtende Stern am Horizont, denn ich war steif wie ein Brett. Mein Körper hatte sich offensichtlich in der langen Zeit des Nichtstuns in eine Starrheit eingependelt, die er nicht mehr so leicht aufzugeben bereit war. Ich war nicht einmal mehr in der Lage, mit gestreckten Beinen meine Zehen zu berühren.

Da stand ich nun etwas fassungslos – meiner Illusionen über meinen körperlichen Zustand beraubt. Ich konnte der Erkenntnis, dass ich weder über besonders viel Kondition noch über Gelenkigkeit verfügte, einfach nicht mehr aus dem Weg gehen.

Und so stürzte ich mich ins Vergnügen. Meine Entschlossenheit, etwas zu verändern, war geweckt. Die Übungen fielen mir nur anfangs schwer. Ich lernte wieder, mich selbst wahrzunehmen und meinen Körper zu spüren. Ich lernte, meine Gefühle zu fühlen. Ich lernte, mich zu entspannen. Und im gleichen Ausmaß, wie meine körperliche Beweglichkeit sich steigerte, steigerten sich auch meine Freude an der Bewegung, meine Freude an mir selbst und meine Freude am Leben.

Zwei Jahre später begann ich die Ausbildung zum Yogalehrer. Der Anfang eines langen, vergnügten, manchmal auch schwierigen, mich in meinen Grundfesten erschütternden Weges des bewussten Lernens und der Entwicklung hatte seinen Anfang genommen.

Seit 1995 halte ich nun Yogakurse ab und darf somit Menschen, die Freude an Yoga haben, ein Stück durch ihre Entwicklung begleiten.

EINLEITUNG

Yoga ist eine Philosophie, die auf jahrtausende alten asiatischen Lehren beruht. In der indischen Bhagavad Gita wird es als Mittel zu Befreiung von Sorgen und Schmerz dargestellt.

Da Yoga ursprünglich eine tief religiöse Lehre war, stieß es anfangs in unserem Kulturkreis auf tiefes Misstrauen.

Mittlerweile sind jedoch immer mehr Menschen von der wohltuenden Wirkung des Yoga überzeugt.

Der immer größer werdende Leistungsdruck im Berufsleben, Belastungen, denen so mancher kaum mehr gewachsen ist, Stress, Anspannung und sehr häufig auch Bewegungsmangel fördern sowohl psychische als auch physische Probleme und Unausgewogenheiten.

Hatha-Yoga - die einzige körperorientierte Yogaform - dient der Gesunderhaltung des Körpers und ist eine hervorragende Methode, Stress und Anspannung abzubauen, den Mangel an Bewegung auszugleichen und den gesamten Körper zu beleben und zu kräftigen.

Die vier „Hauptsäulen" des Hatha-Yoga sind

- Meditation
- Entspannung
- Atmung
- Asanas (Körperübungen)

In ihrer Gesamtheit üben diese Techniken eine tiefgreifende Wirkung auf den gesamten Organismus aus.

- Die verschiedensten Muskelgruppen werden gefordert
- die Beweglichkeit wird gesteigert

- ☯ Sehnen werden gestärkt
- ☯ die Blutzirkulation wird angeregt
- ☯ die Organtätigkeit unterstützt
- ☯ die Konzentration verbessert
- ☯ Ängste, Unruhe und Nervosität werden beseitigt.

Die Wirkung der Yogaübungen beruht nicht wie bei anderen Sportarten auf Anspannung, sondern auf Dehnen und Strecken der Muskeln. Dies wirkt sich höchst positiv auf unser gesamtes Wohlbefinden aus und ein völlig verändertes Körpergefühl stellt sich ein. Alle Yogaübungen werden langsam und mit Aufmerksamkeit ausgeführt. Durch die damit verbundene Entspannung entwickeln wir Ruhe und Gelassenheit. Dies ermöglicht es uns unter anderem, Alltagsprobleme im richtigen Kontext zu betrachten und ihnen den angemessenen Stellenwert zuzuweisen.

So wohltuend und hilfreich die Übungen und Atemtechniken auch sein mögen – sie machen nur einen Teil der Yogalehre aus. Yoga ist ein spiritueller Weg, der weit über das Körperliche hinausgeht - eine Philosophie des geistigen und seelischen Reifens, der Entwicklung von Gelassenheit und Geduld, der Selbsterkenntnis, der Wahrhaftigkeit, des Friedens und nicht zuletzt der Gewaltlosigkeit gegen Mensch und Tier, was naturgegeben mit einer zumindest vegetarischen Ernährung einhergeht.

Ich möchte mich hier nicht in einer endlos langen Einleitung verlieren, denn der Wert des Yoga lässt sich nicht erklären, sondern nur erfahren.

Zudem sehe ich das vorliegende Buch nicht als Lehrbuch, sondern als Hilfestellung für meine Schüler und Schülerinnen – sowie für all jene, die sich für Yoga interessieren.

Ich habe in diesem Buch bewusst auf die Beschreibung allzu komplizierter Übungen verzichtet, da diese kaum ohne die Anleitung eines erfahrenen Lehrers richtig und effizient durchzuführen sind.

Bei bestehenden gesundheitlichen Einschränkungen ist es unerlässlich, den Rat eines Arztes einzuholen, der entscheiden kann welche Übungen im gegebenen Fall ausgeführt werden dürfen und welche nicht.

So bleibt nur noch zu sagen, dass Yoga kein Leistungssport ist und frei von Erfolgsdruck und Ehrgeiz bleiben sollte. Nichts sollte erzwungen werden, nichts „erkämpft" werden. Kein Vergleich mit anderen ist nötig, keine „Vorgaben" sind zu erfüllen. Was zählt, ist der eigene Fortschritt und das eigene Wohlbefinden.

Yoga ist ein Weg der kleinen Schritte. Geistige und körperliche Unbeweglichkeit und Starrheit, die sich in vielen Jahren aufgebaut haben, lassen sich nicht in zwei Yogastunden lösen.

Mit Geduld und regelmäßigem Üben wird der Erfolg jedoch nicht lange auf sich warten lassen.

OM SHANTI!

KRAFT UND FRIEDEN

DIE ASANAS

(KÖRPERÜBUNGEN)

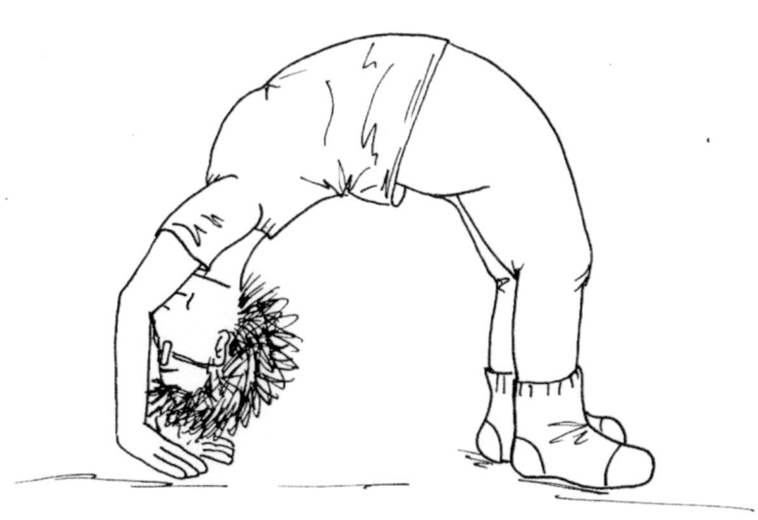

Wie du die Übungen am besten machst

Mache kein Yoga mit vollem Magen

lass mindestens zwei bis drei Stunden nach dem Essen verstreichen, ehe du mit den Übungen beginnst.

Die Übungen werden sich mit leerem Magen besser anfühlen und dir leichter fallen.

Mache jede Übung langsam und bewusst

Mache jede Übung langsam und bewusst.

Gehe langsam in die Übung hinein, verharre so lange darin, wie du dich wohlfühlst, und gehe ebenso langsam wieder aus der Übung heraus.

Atme gleichmäßig während der Übungen

Den Atem während der Übung anzuhalten reduziert deine Kraft und vermindert auch die Wirkung der Übung.

Achte daher darauf, dass Atmung und Bewegung immer miteinander im Einklang stehen.

VERMEIDE RUCKARTIGE BEWEGUNGEN

Mache alle Bewegungen sanft und fließend und vermeide vor allem schnelle Bewegungen mit dem Kopf.

RUHE DICH ZWISCHEN DEN EINZELNEN ÜBUNGEN AUS

Lass deinem Körper Zeit, die durchgeführte Übung „loszulassen" und sich auf die kommende vorzubereiten.

Nur mit der nötigen Entspannung entfalten die Übungen ihre optimale Wirkung.

VERZICHTE AUF EHRGEIZ

Höre auf deinen Körper und überfordere dich nicht.

Der Erfolg stellt sich nicht durch Erzwingen, sondern durch ständige Wiederholung ein.

DAS SONNENGEBET
(SURYA NAMASKAR)

Das Sonnengebet ist eine dynamische Übung, die aus 12 aufeinanderfolgen-
den Bewegungen besteht.
Es ist optimal dazu geeignet, deinen Körper aufzuwärmen und auf die Yogaübungen vorzubereiten, da es nahezu alle Muskeln im Körper dehnt und
bewegt.

Führe die Bewegungen fließend, weich und sorgfältig durch und achte auf
deine Atmung.

Vermeide ruckartige Bewegungen.
Das Sonnengebet wird traditionell am frühen Morgen praktiziert, du kannst
es jedoch natürlich auch zu jeder anderen Tageszeit durchführen.
Der Zeitaufwand ist nur gering.

1
2
3
4
5
6
7
8
9
1
11
12
17

DIE TOTENSTELLUNG
(SAVASANA)

Du liegst völlig locker und entspannt auf dem Rücken. Beine, Rücken und Kopf bilden eine Linie.

Alle Muskeln deines Körpers sind weich und entspannt. Du schließt deine Augen.

Deine Arme liegen neben dem Körper, die Handflächen zeigen offen nach oben.

Die Beine sind etwas gespreizt und die Füße fallen nach außen.

Du atmest entspannt und gleichmäßig und deine Gedanken sind ruhig und friedlich.

Diese Übung ersetzt – richtig ausgeführt – durchaus mehrere Stunden Schlaf.

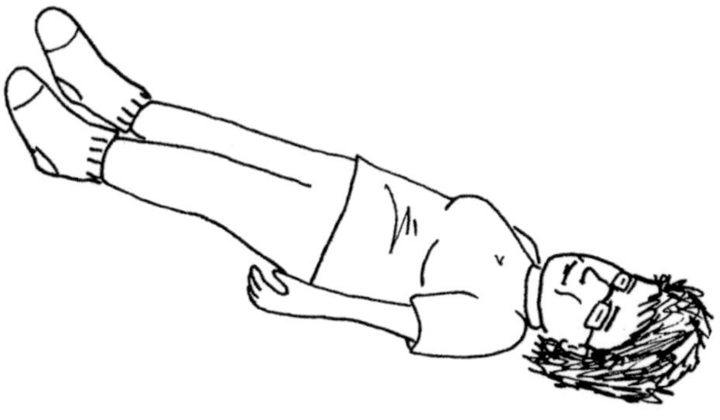

DIE TOTENSTELLUNG...

- 🌓 beruhigt den Geist und vermittelt Gelassenheit
- 🌓 löst Nervosität, Anspannung und Ängste
- 🌓 beseitigt Schlaflosigkeit
- 🌓 entspannt den gesamten Körper

DER SCHULTERSTAND
(SARVANGASANA)

Leg dich mit ausgestreckten Beinen auf den Boden. Deine Arme liegen mit den Handflächen nach unten neben dem Körper.
Stütze dich mit den Händen ab und hebe nun langsam deine Beine.
Dann heb dein Gesäß und den unteren Rücken vom Boden hoch, während du dich mit den Händen am Rücken abstützt.
Strecke die Beine.
Denke daran, ruhig und gleichmäßig zu atmen.

DER SCHULTERSTAND…

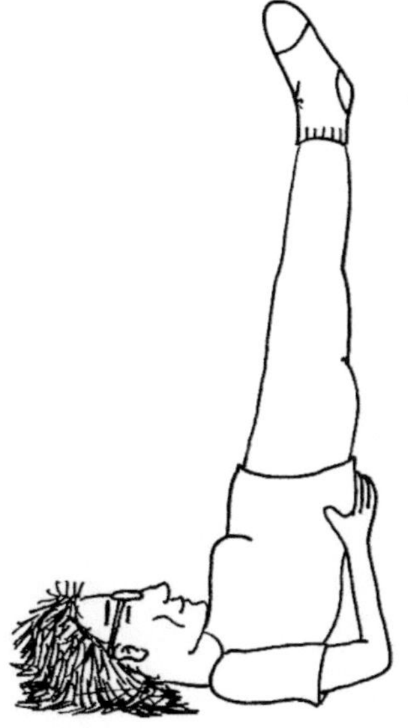

- streckt und kräftigt die Wirbelsäule
- wirkt verjüngend
- fördert die Gedächtnisfähigkeit
- festigt und strafft Bauch-, Rücken- und Beinmuskeln
- beugt Krampfadern und Thrombosen vor
- wirkt entspannend auf den gesamten Organismus
- lindert Atemwegserkrankungen
- verbessert die Schilddrüsenfunktion

DER PFLUG
(HALASANA)

Lege dich mit ausgestreckten Beinen auf den Boden.
Hebe langsam deine Beine hoch.
Stütz dich mit den Händen am Boden ab und heb auch den Rücken hoch.
Schiebe die Beine über den Kopf und versuche, mit den Zehen den Boden zu berühren.
Der Rücken soll dabei gerade und die Beine gestreckt sein.

DER PFLUG...

- kräftigt und festigt die Bauchmuskulatur
- dehnt die Wirbelsäule und macht sie gelenkig
- stärkt das Nervensystem
- regt die Schilddrüse an
- fördert die Verdauung
- streckt die Beckengegend
- kräftigt den Nacken
- dehnt den gesamten Körper

DER FISCH

(MATSYASANA)

Lege dich mit ausgestreckten Beinen auf den Boden. Die Hände liegen mit den Handflächen nach unten unter dem Gesäß.
Die Ellbogen sind dabei leicht angewinkelt und nahe am Körper.
Verlagere dein Gewicht auf die Ellbogen und hebe den Brustkorb,
indem du ein Hohlkreuz machst.
Beuge gleichzeitig den Kopf so weit zurück, dass der Scheitel auf dem Boden aufliegt.

DER FISCH...

- lindert Asthma und sonstige Atembeschwerden
- stimuliert die Schilddrüse
- hilft beim Abnehmen
- lockert und entspannt die Nackenpartie, den Brustkorb und den Schultergürtel
- regt die Verdauung an

DIE KOPF-KNIE-STELLUNG

(PASCHIMOTTANASANA)

Setze dich mit ausgestreckten Beinen auf den Boden.

Richte den Rücken ganz gerade auf, hebe die Arme über den Kopf und strecke die Wirbelsäule durch.

Beuge dich nun langsam, Wirbel für Wirbel nach vor und fasse deine Beine dort, wo es dir mühelos möglich ist.

Versuche deinen Körper sowohl nach vor wie auch nach unten zu drücken.

Richte dich anschließend langsam und Wirbel für Wirbel wieder auf.

DIE KOPF-KNIE-STELLUNG...

- ☯ kräftigt die Bauchmuskulatur
- ☯ regt die inneren Organe an
- ☯ löst Verspannungen in den Beinen
- ☯ stabilisiert das Nervensystem
- ☯ fördert die Verdauung
- ☯ kurbelt die Nierenfunktion an
- ☯ streckt und lockert die Beckengegend

DIE SCHIEFE EBENE

(SETUASANA)

Mach die schiefe Ebene stets als ausgleichende Übung nach der Kopf-Knie-
Stellung.
Sitze mit ausgestreckten Beinen auf dem Boden.
Lege deine Hände etwas hinter deinem Gesäß auf den Boden und
drücke deinen Körper vom Boden weg.
Dein Körper sollte eine gerade Linie bilden.

DIE SCHIEFE EBENE...

- stärkt die Muskeln der Beine, des Rückens und der Arme
- kräftigt die Handgelenke
- dehnt den Brustkorb
- verbessert die Atmung

DIE KOBRA
(BHUYANGASANA)

Du liegst flach auf dem Bauch.
Die Hände stellst du neben die Brust und die Stirn liegt auf dem
Boden.
Dann richtest du dich langsam – mit dem Kopf beginnend – wie eine Schlange Wirbel für Wirbel auf und beugst den Oberkörper nach
hinten.
Auch der Kopf wird nach hinten gebeugt.
Achte darauf, dass deine Beine und dein Gesäß entspannt sind.

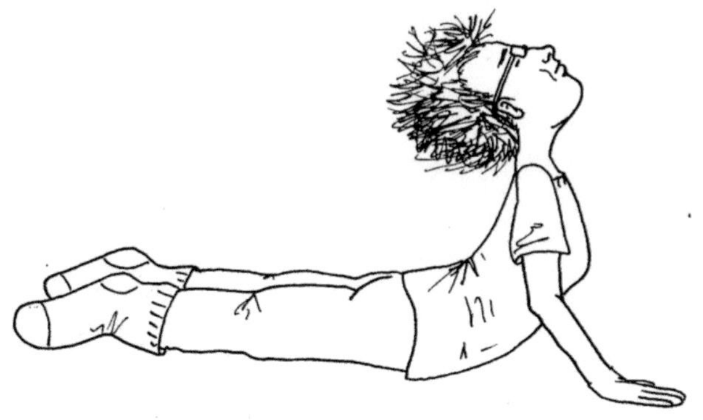

DIE KOBRA...

- ☯ stärkt die Rücken-, Bauch- und Beinmuskeln
- ☯ macht den Rücken beweglich
- ☯ fördert die Verdauung
- ☯ stärkt das Nervensystem
- ☯ festigt die Kinnpartie
- ☯ baut Fettpolster an Gesäß und Bauch ab
- ☯ stabilisiert den Kreislauf

DIE HEUSCHRECKE
(SALABHASANA)

Du liegst auf dem Boden, das Kinn auf dem Boden.
Die Beine liegen gestreckt nebeneinander.
Die Arme liegen neben dem Körper mit den Handflächen nach unten.
Atme ein, spanne die
Lendenmuskeln an und hebe
die Beine und Hüften so hoch
wie möglich.
Die Beine sind gestreckt, die
Schultern und Knöchel
entspannt.
Senke die Beine und atme aus.

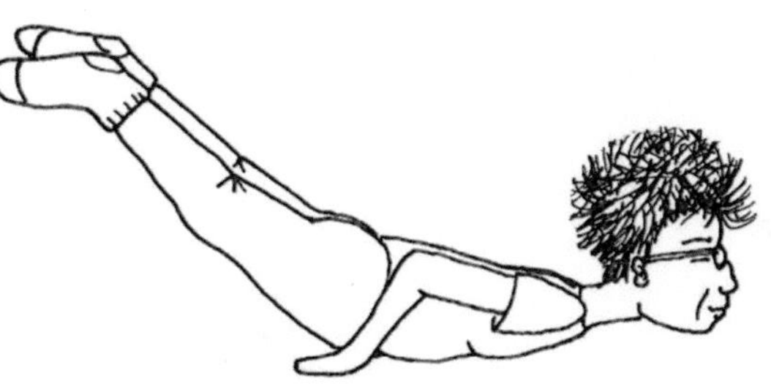

Etwas einfacher ist die **HALBE HEU-SCHRECKE.**
Stelle ein Bein auf und lege das andere gestreckt auf die Fußsohle

DIE HEUSCHRECKE...

- verschafft Erleichterung bei Bandscheibenschäden
- strafft das Gesäß
- fördert die Verdauung
- dehnt die Wirbelsäule und macht sie gelenkig
- lindert Schmerzen im Rücken und in der Lendengegend
- festigt die Bauchmuskulatur

DER BOGEN
(DHANURASANA)

Die Ausgangsposition für diese Übung ist die Bauchlage.
Winkle die Beine an und ziehe die Füße so nahe wie möglich ans Gesäß
Umfasse mit deinen Händen die Fußgelenke, ziehe deine Beine hoch und
drücke sie gleichzeitig vom Körper weg.
Zieh gleichzeitig Kopf und Oberkörper hoch, so dass der Körper nur auf der
Bauchmitte aufliegt und wie ein Bogen gespannt ist.

DER BOGEN...

- schafft Schmerzlinderung bei Bandscheibenproblemen
- festigt die Bauchmuskeln
- stärkt Arme, Beine und den Rücken
- reduziert Fettpolster an Hüfte und Gesäß
- fördert die Verdauung
- verbessert die Haltung
- dehnt den Brustkorb und verbessert die Atmung

DIE EMBRYOHALTUNG
(VIRASANA-VARIATION)

Mach diese Übung immer nach der Kobra, der Heuschrecke und dem Bogen.

Du kniest im Fersensitz, beugst dich nach vor, legst deine Stirn auf den Boden und die Arme neben den Körper.

DIE EMBRYOHALTUNG...

- entspannt deine Wirbelsäule und deine Rückenmuskeln
- wirkt der Faltenbildung im Gesicht entgegen

DER DREHSITZ
(ARDHA MATSYENDRASANA)

Setze dich mit ausgestreckten Beinen auf den Boden. Lege den rechten Fuß an den linken Oberschenkel.

Stelle den linken Fuß über das rechte Knie

Stelle deine linke Hand hinter deinen Körper und stütze dich darauf ab.

Lege deinen rechten Arm an die Außenseite des linken Beines und fasse den Knöchel.

Drehe deinen Oberkörper so weit wie möglich nach links und schaue über die linke Schulter nach hinten.

Wiederhole die Übung nach der anderen Seite.

DER DREHSITZ...

- reduziert Fettpolster an der Taille
- sorgt für bewegliche Hüftgelenke
- fördert die Verdauung
- lockert die Wirbelsäule
- begradigt die Wirbel und ent-spannt den Rücken
- wirkt beruhigend auf das Nervensystem

DIE KRÄHE
(KAKASANA)

Gehe mit leicht geöffneten Knien in die Hocke und stell dich auf die Zehenspitzen.

Stelle die Arme zwischen die Knie und presse deine Ellbogen fest gegen die Knie.

Lehne nun deinen Oberkörper mit gehobenem Kopf nach vor, bis das Gewicht deines Körpers auf deinen Armen ruht. Hebe nun die Füße vom Boden und bringe die großen Zehen zueinander.

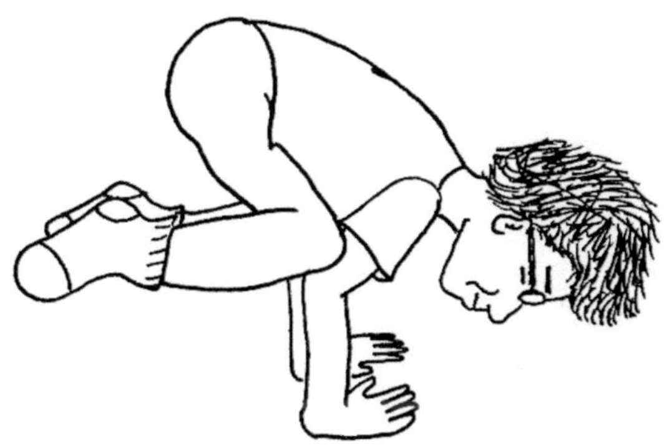

DIE KRÄHE...

- verbessert das Gleichgewicht
- fördert die Konzentration
- kräftigt Handgelenke, Arme und Schultern
- verbessert die Atmung

DIE HAND-FUSS-STELLUNG
(UTTANASANA)

Du stehst mit geschlossenen Beinen am Boden. Heb nun deine Arme über den Kopf und beuge dich von der Taille aus nach vorn. Lass dabei erst den Kopf nach vor sinken und rolle dann Wirbel für Wirbel ab.

Fasse nach deinen Beinen oder Knöcheln.

Biege die Ellbogen nach außen und strecke dich sanft nach unten und innen und versuche mit deiner Stirn die Knie zu berühren.

DIE HAND-FUSS-STELLUNG...

- löst Verspannungen in den Kniemuskeln
- macht die Beine geschmeidig
- fördert die Durchblutung des Kopfes und wirkt demnach der Faltenbildung entgegen
- verbessert das Hautbild
- fördert die Konzentration
- macht die Wirbelsäule gelenkig und biegsam
- entspannt Rücken und Schultern
- ist verdauungsfördernd
- hilft beim Abnehmen

DAS DREIECK
(TRIKONASANA)

Stelle dich mit gegrätschten Beinen hin. Lege den rechten Arm ans rechte
Ohr, die linke Hand liegt am linken Oberschenkel.
Beuge dich nun so weit wie möglich nach links, ohne nach vorne oder hinten
abzuknicken. Die Beine bleiben gestreckt.
Richte dich langsam mit dem Einatmen wieder auf und führe die Übung
nach der anderen Seite durch.

DAS DREIECK...

- dehnt die Wirbelsäule nach der Seite und erhöht Spannkraft und Fle-
  xibilität
- bringt Erleichterung bei Menstruationsbeschwerden
- kräftigt Hüft-, Schenkel- und Beinmuskulatur
- aktiviert die Verdauung
- der Körper wird biegsamer und leichter

DER KOPFSTAND
(SIRSHASANA)

Knie dich auf den Boden, die Hände umfassen die Ellbogen (Schulterbreite).
Verschränke die Hände und bilde mit den Armen die Basis für ein stabiles Dreieck.
Lege den Hinterkopf in die Hände und den Scheitel auf den Untergrund.
Drück die Knie durch, strecke die Beine und hebe die Hüften hoch. Gehe mit durchgestreckten Beinen so weit zum Körper, bis die Wirbelsäule gerade ist.
Zieh die Knie zur Brust und hebe die Füße vom Boden hoch, halte kurz an.

Hebe die Beine nun und strecke sie aus.
Gehe langsam und Schritt für Schritt wieder aus der Übung heraus.

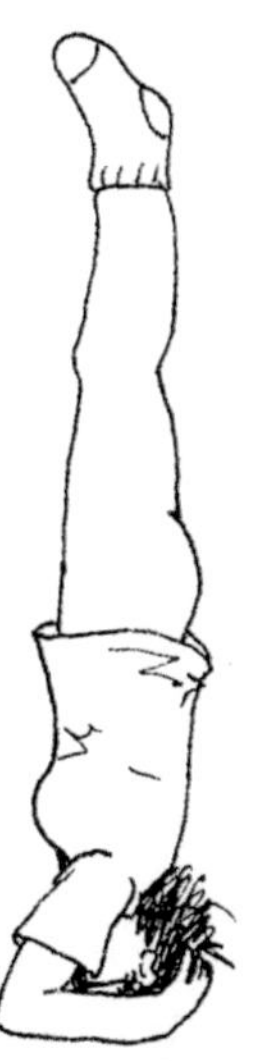

DER KOPFSTAND...

- regt den Kreislauf an
- stärkt das Nervensystem
- festigt und stärkt die Bauchmuskeln
- regt die Drüsentätigkeit an
- stärkt die Lunge
- vermittelt Vitalität
- mildert Schlaflosigkeit, nervöse Spannungen, Erkältungen, Halsschmerzen, Herzklopfen, Asthma und vieles mehr

DER BAUM
(VIRKSHASANA)

Stelle dich mit geschlossenen Beinen hin.

Die Arme sind seitlich ausgestreckt.

Lege den linken Fuß an den rechten Oberschenkel.

Lege die Handflächen aneinander und hebe die Arme ausgestreckt über den Kopf.

Atme ruhig und entspannt.

Beende die Übung und wiederhole sie mit dem anderen Bein.

DER BAUM...

- ☯ fördert die Durchblutung der Beine
- ☯ verbessert die Haltung
- ☯ verbessert das Gleichgewicht
- ☯ kräftigt die Beinmuskeln

DER KOSMISCHE TÄNZER
(NATARAJASANA)

Stelle dich aufrecht hin. Winkle dein linkes Bein an und fasse dein Fußgelenk mit der linken Hand.
Strecke de rechten Arm nach vor und ziehe das Bein hoch und drücke es gleichzeitig nach hinten. Drücke den Rücken durch. Das Standbein bleibt gestreckt.
Wiederhole die Übung mit dem rechten Bein

DER KOSMISCHE TÄNZER...

- trainiert das Gleichgewicht
- festigt die Bauchmuskeln
- dehnt den Brustkorb und verbessert dadurch die Lungen-
  funktion

Die Fechthaltung
(Virabhadrasana)

Spreize die Beine seitlich auseinander.
Wende dich nach rechts und drehe gleichzeitig den rechten Fuß um 90°.
Während des Ausatmens beuge das rechte Knie, so dass der Oberschenkel parallel zum Boden ist.
Das linke Bein bleibt gestreckt und der Fuß liegt mit der ganzen Fußsohle auf dem Boden auf. Beuge dich leicht nach hinten und strecke die Arme über den Kopf. Atme ruhig und tief.
Wiederhole die Übung zur anderen Seite.

Die Fechthaltung...

- stärkt Gelenke und Beine
- dehnt den Brustkorb und verbessert die Haltung
- verbessert Steifheit in Rücken und im Nacken
- Fett um die Hüften wird abgebaut

DIE TAUBE
(PAKOTASANA)

Setze dich in den Fersensitz. Strecke ein Bein nach hinten. Beuge dich nach vor, lege die Stirn auf den Boden und strecke die Arme nach vor. Dann richte dich langsam auf, schließe die Hände hinter deinem Rücken und hebe die Arme so weit du kannst.

DIE TAUBE...

- ☯ dehnt den Brustkorb und verbessert die Atmung
- ☯ lockert die Schultern und beseitigt Spannungen
- ☯ kräftigt Oberschenkel und Gesäß

DER HALBMOND
(ANJANEYASANA)

Knie aufrecht am Boden und stelle das linke Bein nach vor. Lass dich nach vor sinken, so dass das linke Bein angewinkelt und das rechte gestreckt ist. Hebe die Arme über den Kopf und beuge dich nach hinten.

Verharre etwas, dann richte dich auf, setze dich auf deine rechte Ferse und beuge den Kopf über dein gestrecktes linkes Bein. Wiederhole die Übung mit dem anderen Bein.

DER HALBMOND...

- ☯ hält die Hüftgelenke beweglich
- ☯ stärkt den Rücken
- ☯ strafft die Kinngegend
- ☯ kräftigt und formt die Oberschenkelmuskulatur
- ☯ streckt die gesamte Vorderseite des Körpers

DIE BRÜCKE
(SETHU BANDHASANA)

Leg dich auf den Boden und stelle die Beine auf. Umfasse die Fußgelenke mit den Händen und drücke den Körper so weit du kannst vom Boden hoch. Atme ruhig und entspannt.

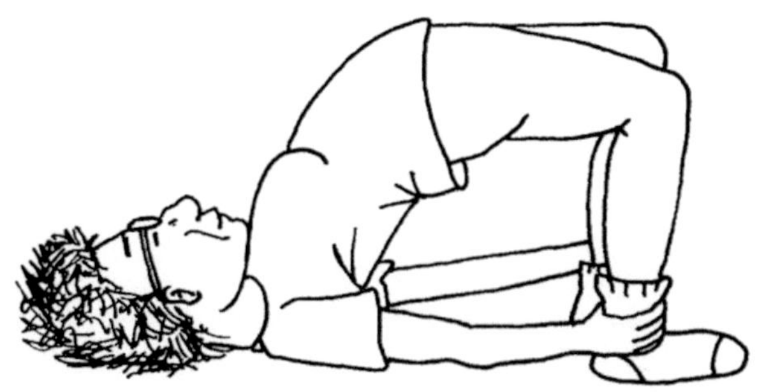

DIE BRÜCKE...

- macht die Wirbelsäule flexibler
- dehnt den Brustkorb und beeinflusst du Atmung dadurch günstig
- kräftigt die Oberschenkel- und Gesäßmuskulatur
- durchblutet das Gehirn verstärkt

DAS RAD
(CHAKRASANA)

Lege dich auf den Rücken und stelle die Beine auf. Lege die Hände mit den Handflächen nach unten unter die Schulterblätter, die Fingerspitzen zeigen zur Schulter. Drücke dich nun mit aller Kraft vom Boden weg. Strecke dabei Arme und Beine.

DAS RAD...

- dehnt die Vorderseite des Körpers und beseitigt dadurch Spannungen
- kräftigt die Wirbelsäule
- dehnt den Brustkorb und verbessert damit die Atmung
- kräftigt die Bauchorgane

DAS KAMEL
(USTRASANA)

Knie die aufrecht hin. Die Fußspitzen zeigen nach hinten. Beuge dich ganz langsam nach hinten und drücke das Becken nach vorn. Lasse die arme nach unten hängen.
Lege dann die Hände auf die Fersen.
Verharre so lange wie möglich und atme ruhig.

DAS KAMEL...

- ☯ macht die Wirbelsäule gelenkig und kräftigt sie
- ☯ steigert die Energie und verbessert die Haltung
- ☯ vermindert Hängeschultern

DER LIEGENDE HELD
(SUPTA VIRASANA)

Setze dich aus dem Fersensitz heraus zwischen deine Fersen auf den Boden.
Stütze dich mit den Händen hinter dir ab und lehne dich langsam zurück, bis
dein Rücken flach auf dem Boden liegt.
Strecke die Arme über den Kopf und atme tief und langsam

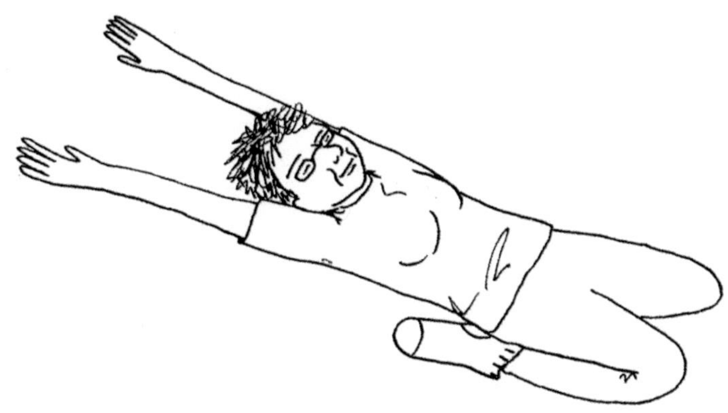

DER LIEGENDE HELD...

- ☯ strafft und festigt die Bauchmuskulatur
- ☯ lindert Kopfschmerzen
- ☯ entspannt die Beinmuskulatur
- ☯ kräftigt die Rückenmuskeln
- ☯ lindert Ischias-, Knie- und Fußgelenksschmerzen

Das Krokodil
(Jatara Parivartanasana)

Leg dich auf den Rücken, die Arme zur Seite gestreckt.
Hebe langsam dein linkes Bein, bis es senkrecht nach oben zeigt.
Lege dein Bein nun nach rechts über den Oberschenkel und versuche, mit den Füßen den Boden zu berühren.
Achte, dass deine Schultern dabei am Boden liegen bleiben.
Drehe den Kopf nun nach links.
Verharre in dieser Stellung, so lange es für dich angenehm ist.
Hebe dein Bein langsam wieder hoch und bringe es in die Ausgangslage zurück.
Wiederhole die Übung mit dem anderen Bein.

Das Krokodil...

- ☯ lindert Rückenschmerzen und Verspannungen
- ☯ reduziert Übergewicht
- ☯ regt die Organtätigkeit an
- ☯ fördert die Verdauung
- ☯ mildert Magenbeschwerden
- ☯ dehnt und kräftigt die Wirbelsäule

DIE SCHILDKRÖTE
(KURMASANA)

Setze dich mit gegrätschten Beinen auf den Boden und lege die Fußsohlen aneinander.

Beuge deinen Oberkörper nach vor und schiebe beide Arme unter den angewinkelten Beinen durch.

Lege die Hände außen an die Füße und senke deinen Oberkörper so tief, dass der Kopf den Boden berührt.

Wenn es dir leichtfällt, kannst du die Arme nach hinten legen.

DIE SCHILDKRÖTE...

- macht die Wirbelsäule geschmeidig und dehnt vor allem die Muskeln und Bänder der Wirbelsäule
- hilft bei Ischiasbeschwerden
- regt die Tätigkeit der Verdauungsorgane an
- stärkt die Nieren und die Nebennieren
- erhöht die Harnausscheidung
- kräftigt den Solarplexus und die Unterleibsorgan

DER SCHMETTERLING
(BADDHA KONASANA)

Setze dich auf den Boden und lege die Fußsohlen gegeneinander. Ziehe die Füße so nahe wie möglich zum Körper heran. Bewege die Beine in einer flatternden Bewegung auf und nieder. Dann versuche, die Knie so weit wie möglich zu Boden zu drücken.
Wiederhole die Übung 2 – 3-mal.

DER SCHMETTERLING...

- hält die Hüftgelenke beweglich
- belebt die Sexualorgane
- lindert Menstruationsbeschwerden
- kräftigt und formt die Oberschenkelmuskulatur
- lindert Herzbeschwerden
- regt die Nierenfunktion an

DER EXPANDER
(PARSVOTTANASANA)

Stelle dich aufrecht hin. Schließe die Hände hinter dem Rücken. Beuge dich langsam nach vor, lasse den Kopf hängen und hebe die gestreckten Arme so weit wie möglich nach oben.
Lass dich vom Gewicht deines Körpers nach unten ziehen und versuche, die Arme Richtung Kopf zu drücken.

DER EXPANDER...

- mildert Spannungen im Nacken, in den Schultern und im oberen Teil des Rückens
- entspannt den gesamten Körper
- verbessert die Haltung
- dehnt die Lungen und sorgt für bessere Durchblutung des Kopfes
- strafft die Bauchmuskulatur

DER LOTUSSITZ

Setze dich mit ausgestreckten Beinen auf den Boden. Leg den rechten Fuß mit der Fußsohle nach oben auf den linken Oberschenkel und den linken Fuß auf den rechten Oberschenkel. Beide Knie sollten den Boden berühren. Halte deine Wirbelsäule und deinen Kopf gerade und lege die Hände locker auf die Knie.

Etwas einfacher zu bewerkstelligen ist

DER HALBE LOTUSSITZ

Dabei legst du einen Fuß mit der Fußsohle nach oben unter den anderen Oberschenkel, und den anderen Fuß auf den Oberschenkel.

DER LOTUSSITZ...

- stärkt und dehnt Bänder und Gelenke
- macht die Hüftgelenke beweglich
- streckt und kräftigt die Muskeln in den Beinen
- stabilisiert das Nervensystem
- reguliert den Kreislauf

DIE ATEMÜBUNGEN
(PRANAYAMA)

Wozu Atemübungen?

Der Atem erhält uns am Leben. Der Atem versorgt uns mit Energie. Der Atem beeinflusst entscheidend unsere Lebensqualität.
Dennoch wird kaum etwas so wenig beachtet, wie die etwa 23.000 Atemzüge, die wir täglich machen.

Atem geschieht automatisch und bedarf daher keiner besonderen Aufmerksamkeit. Nur in Ausnahmefällen ist man sich seiner Atmung bewusst, so zum Beispiel bei körperlicher Anstrengung oder in Stresssituationen.

Obwohl der Luftaustausch im Körper automatisch reguliert wird, bedeutet das nicht, dass wir auch auf optimale Art und Weise atmen.
Die Atmung der meisten Menschen ist viel zu flach und oberflächlich. Es wird nur ein Teil der Lungenkapazität genutzt. Dadurch verbraucht der Vorgang der Atmung mehr Energie, als er gibt.
Ständig zu oberflächliche Atmung stört das Wohlbefinden und kann chronische Müdigkeit, verstärkte Spannungen und depressive Gemütszustände zur Folge haben.

Yoga befasst sich in besonderer Art und Weise mit der Atmung. Die Atmung ist eine der „Grundsäulen" im Yoga und spielt auch während der Übung eine wichtige Rolle.
Bei Yoga wird das Atmen nicht als bloße Aufnahme von Sauerstoff betrachtet, sondern als eine Funktion, die die Grundlage für unseren körperlichen, geistigen und seelischen Zustand darstellt. Bereits die Gedanken auf den Atem zu richten, kann Anspannungen lösen, die Stimmung verbessern und uns zur inneren Ruhe bringen.

Das Atmen neu und bewusst zu erlernen ist eine Körpererfahrung, die der Geduld und der Übung bedarf.

Es gibt eine Reihe von einfach durchzuführenden Atemübungen, die bewirken, dass uns der Vorgang des Atmens bewusster wird, bzw. dass auch die normale Atmung optimiert wird.

Eine optimale Atmung wiederum steigert in entscheidendem Maße unser Wohlbefinden und unsere Vitalität, baut Spannungen ab, erhöht die Konzentrations- und Leistungsfähigkeit und wirkt sich wohltuend und positiv auf unseren körperlichen und geistigen Gesundheitszustand aus.

DIE VOLLATMUNG
(SAMA ORTTI PRANAYAMA)

Sitze aufrecht oder leg dich auf den Rücken.

Beginne jede Atemübung mit einem Ausatmen.
Atme nun tief ein, bis sich der Bauch hebt. Atme weiter ein, bis sich auch
Brustkorb und Schultern heben.
Halte den Atem kurz an.
Atme dann auf die gleiche Weise wieder aus.
Erst senkt sich der Bauch, danach der Brustkorb und die Schultern.

Wiederhole die Übung so oft, wie es dir angenehm ist.

DIE VOLLATMUNG...

- kräftigt die Atmungsorgane
- steigert die Sauerstoffversorgung des Körpers
- befreit ihn von Giftstoffen
- fördert die Verdauung
- beruhigt das Nervensystem
- regelt die Herztätigkeit
- wirkt gegen Trägheit und Despression
- vertreibt Müdigkeit
- regt den Stoffwechsel an

Die Wechselatmung
(Surya Bhedana Pranayama)

Setze dich mit geradem Rücken hin.

Halte das rechte Nasenloch mit dem rechten Daumen zu und atme links ein.

Dann verschließe beide Nasenlöcher mit Daumen und Zeigefinger und halte den Atem an.

Danach löst du den Daumen und atmest rechts wieder aus.

Rechts wieder einatmen….

Atem anhalten….

Links ausatmen….

Wiederhole diese Übung anfangs 5-mal und steigere dich dann kontinuierlich auf mehr. Verlängere auch die Atemzüge.

Für die Länge des Einatmens, Anhaltens und Ausatmens ist das Verhältnis 1:4:2 ideal.

Die Wechselatmung…

- steigert die Konzentration
- beseitigt Unruhe und Nervosität
- normalisiert den Blutdruck
- reinigt Lungen und Blut
- hilft gegen Kopfschmerzen

DIE REINIGUNGSATMUNG
(KAPALABHATI)

Setze dich aufrecht hin und lege die Hände auf den Bauch. Atme nun tief ein und kräftig aus, indem du die Bauchmuskeln so kräftig wie möglich zusammenziehst. Atme durch die Nase ein und aus. Das Ausatmen muss stoßartig geschehen. Es dürfen sich nur die Bauchmuskeln bewegen.

Atme 15-mal stoßweise aus und halte dann den Atem an, während du bis 16 zählst. Wiederhole dies 4-mal.

DIE REINIGUNGSATMUNG...

- ☯ fördert die Verdauung
- ☯ regt die Funktion von Bauchspeicheldrüse, Leber und Milz an
- ☯ verhilft zu reiner Haut
- ☯ stärkt die Schleimhäute und Drüsen der Nase
- ☯ reinigt Stirnhöhlen und Nebenhöhlen
- ☯ reinigt das Blut und die Bauchorgane von Giftstoffen
- ☯ regt die Gehirntätigkeit an
- ☯ trainiert das Lungengewebe
- ☯ kräftigt das Nervensystem

ENTSPANNUNG

Wozu Entspannung?

Mentale Entspannung ist ein Zustand der körperlichen und geistigen Gelöstheit und ist vorzüglich dazu geeignet, Stress abzubauen, Kraft zu tanken und neue Energie zu schöpfen.
Sie macht es jedoch auch möglich, einen intensiven Kontakt zum Unterbewusstsein herzustellen.

Unser Gehirn weist im normalen Wachzustand **Betawellen** auf. Im Betazustand befindet man sich also, während man arbeitet, ein Buch liest oder sich mit Problemen auseinandersetzt.

Ein mentaler Entspannungszustand wird durch **Alphawellen** gekennzeichnet. Diesen Alphazustand erreicht man durch verschiedene mentale Entspannungstechniken, wie zum Beispiel Atemtechniken, Fantasiereisen und Zähltechniken.

Eine weitere Art von Wellen sind die **Thetawellen**. Diese produziert das Gehirn in einem noch tieferen Entspannungszustand, wie zum Beispiel in einem leichten, oberflächlichen Schlaf.

Im Tiefschlaf oder im Koma sendet das Gehirn **Deltawellen** aus.

Fantasiereisen im Alphazustand...

haben ihren Ursprung im autogenen Training. Sie aktivieren die rechte Gehirnhälfte, also die Gefühls- und Kreativitätsebene. Kreativität und Fantasie sind jedem Menschen in überreichlichem Maße angeboren, bedürfen aber, um sich optimal zu entfalten, immer wieder der Anregung und der Übung

Mit Fantasiereisen wird die Kreativität in Schwung gebracht, die Kunst des
Visualisierens geschult, die Problemlösungskompetenzen gefördert und
nicht zuletzt ein tiefer Entspannungszustand erreicht, der uns von Stress und
Anspannung befreit und unsere Energieressourcen wieder auffüllt.

FEUER...
...EINE FANTASIEREISE

Begib dich in eine Position
die für dich angenehm ist...
in der du dich wohlfühlen...
und in der du dich entspannen kannst.
Nimm deinen Körper wahr...
nimm deinen Atem wahr...
dein Atem wird immer tiefer...
und ruhiger...
tiefer....
und ruhiger....
Mit jedem Ausatmen lass alles los...
was du loswerden möchtest.
Atme alles aus...
was dich belastet...
was dich stört...
lass dich vom Rhythmus deines Atems ...
ganz tief in die Entspannung tragen....

Ich stehe im Dämmerlicht...
mit nackten Füßen...
auf einem warmen Felsen...
die letzten Strahlen der untergehenden Sonne berühren mich sanft
und behutsam
erfüllen mich mit Wärme...
mit Leuchten...
und Strahlen.

Die Wärme die Felsens
auf dem ich stehe
dringt durch meine Fußsohlen...
steigt durch meinen Körper nach oben...
und breitet sich in mir aus...
durchflutet mich...
erfüllt mich mit Kraft...
und Lebendigkeit..
und einem tiefen Gefühl der Verbundenheit
mit der Erde
auf der ich lebe.
Die Luft ist angenehm mild,
ein leichter Wind streicht über meine Haut.
Ich fühle mich wohl...
ich genieße die Stille...
ich atme die Stille...
und ich nehme mit allen meinen Sinnen daran teil,
wie die Dunkelheit den letzten Hauch des Lichts umarmt.
Ruhe und Frieden erfüllen mich...
Ich bin eins
mit allem was ist.

Ganz in der Nähe
prasselt ein Feuer...
knistert...
glüht...
verströmt angenehme Wärme...
und färbt den Nachthimmel rot.
Wild tanzen die Flammen...

ungestüm…
übermütig…

vor dem Hintergrund der tiefschwarzen Nacht.
Funken sprühen und leuchten…
steigen hoch…
und verglühen.
Wärme umhüllt mich…
durchdringt mich…
heilt mich…
Es ist…
als übertrüge das Feuer all seine Kraft…
seine Wildheit…
seine Kühnheit
auf mich…
und ich verspüre Vollkommenheit…
Lebensfreude…
Begeisterung…
Glück…
Ewigkeit…
Und ich bin eins…
mit allem, was ist.
Langsam…
und allmählich…
wird der übermütige Tanz der Flammen…
ruhiger…
sanfter…
ein letztes Aufflackern…
ein letztes Leuchten…
Strahlen…

ehe die Flammen abflauen…
zu Boden sinken…
in sich selbst verschmelzen…
sich fallenlassen…

und wiederfinden…
in warm leuchtendem Glühen.
Eine Weile noch…
genieße ich Wärme…
und Sanftheit der Glut.
Tiefe Ruhe ist in mir…
Vertrauen…
Frieden…
Ich bin geliebt….
ich bin gesegnet.

Komm nun langsam…
mit deinem Bewusstsein…
wieder hierher zurück…
in diesen Raum…
in deinen Körper…
Du nimmst dich wieder bewusst wahr…
du spürst dich…
Du machst einen tiefen Atemzug …
genießt noch ein paar letzte Augenblicke der Stille…
und langsam beginnst du wieder…
dich zu bewegen.
Erst nur die Hände und Füße…
dann streckst du deine Arme und Beine

und dehnst und räkelst dich...
wie eine Katze in der Sonne.
Du fühlst dich frisch...
wach...
völlig ausgeruht...
und voller Tatendrang.
Du öffnest die Augen...

und kommst wieder völlig hier an.

WASSERFALL
REINIGUNG UND VERJÜNGUNG

Nimm eine bequeme Körperhaltung ein…

schließ deine Augen…

atme tief ein…

und aus…

und lass mit dem Ausatmen alle Anspannung los.

Alles Belastende…

alles Störende

atmest du nun einfach aus.

Atme nochmal tief ein…

und aus…

und ein…

und aus.

Du spürst…

wie sich Ruhe und Frieden…

in deinem Körper und deinem Geist ausbreiten.

Erlaube deiner Seele nun…

auf Reise zu gehen.

Begib dich an einen Ort…

irgendwo unter freiem Himmel…

an einem Waldrand.

Die Luft ist angenehm mild…

Sonnenstrahlen berühren deine Haut…

hüllen dich ein…

in sanfte Wärme.
Deine Füße stehen fest auf dem Boden.
Du fühlst dich gelöst…
und zufrieden…
behütet…
und frei…
du bist offen und bereit…
für Veränderung…
Wandlung..
Heilung.

Ich sehe mich um…
an diesem wundervollen Ort…
an dem ich mich nun befinde.
Ich sehe einen hellen Laubwald vor mir…
schmale, kräftige Bäume…
die ihre Äste anmutig dem Himmel entgegenstrecken…
Sonnenflecken, die auf grünen Blättern tanzen…
Der schmale erdige Weg zu meinen Füßen…
führt geradewegs in diesen Wald…
Beschwingt und mit leichtem Herzen folge ich ihm.
Ich lausche auf die Klänge…
die an mein Ohr dringen…
das Rauschen des Windes in den Blättern und Zweigen
und das Zwitschern der Vögel…
und auf die Stille zwischen den Tönen.
In der Ferne höre ich das Brausen eines Wasserfalls.
Ich folge dem Klang…
folge dem Weg zu meinen Füßen.

Der Weg endet direkt an einer kleinen sonnenbeschienenen Lichtung…
am Fuße eines Berges.
Von einer Felswand stürzt ein Wasserfall…
tosend…
schäumend…
in ein glattes Steinbecken…
in dem sich das silbern leuchtende Wasser sammelt…
ehe es das Becken verlässt…
und sich in ein Bachbett ergießt.
Quirlige silberhelle Tröpfchen…
sprühen nach allen Seiten…
funkeln…
leuchten…
vibrieren…
und jedes trägt die Farben des Regenbogens in sich.
Ich spüre die Magie dieses Wasserfalls
bis in die tiefsten Tiefen meiner Seele.
Ich spüre die heilende Kraft,
die von diesem strahlend hellen, silbrigen Wasser ausgeht.
Ich ziehe meine Kleider aus…
und steige in das Becken…
trete unter den Wasserfall
spüre, wie das kalte, lichtdurchflutete Wasser
auf mich herniederprasselt…
silberhell…
klar…
frisch.
Es spült alle meine Gedanken…
alles was meinen Geist bewegt…

weg…
und macht mich frei für Neues.
Alle alten, verstaubten, nutzlosen Glaubenssätze…
alle Ängste…
Befürchtungen…
Sorgen…
Zweifel…
werden von diesem kraftvoll strömenden Wasserfall weggespült…
aufgelöst.
Negative Erinnerungen…
Verletzungen…
Kränkungen…
Gefühle der Schuld
der Machtlosigkeit…
und der Vergänglichkeit
ergeben sich der Magie dieses Wasserfalls…
lösen sich auf…
verschwinden…
so als wären sie nie dagewesen.
Leichtigkeit, Glückseligkeit und Freude…
treten an deren Stelle.
Die Magie dieses Wasserfalls hat die Kraft…
alles Schädliche…
Destruktive..
aufzulösen…
und zur göttlichen Ordnung zu transformieren.
Alles was mir nicht dienlich ist…
alles, was mich hindert…
mein volles Potential zu leben…

erfährt Wandlung…
und Heilung…
in dieser klaren, silbernen Kaskade aus Wasser und Licht.
Glitzernd…
silberweiß…
und voller belebender Magie…
durchflutet mich der Wasserfall
strömt an mir herab
und durch mich hindurch…
reinigt und klärt jede Zelle meines Körpers…
befreit mich von allem
was nicht zu mir gehört.
Alle Abweichungen von der göttlichen Norm…
alle dunklen Schatten…
alle Flecken…
Unebenheiten…
Unreinheiten meines Energiekörpers…
werden weggespült.
Alles Schmerzliche…
Kränkliche…
Vergängliche…
löst sich von mir…
fließt ab…
löst sich auf…
in diesem alles heilenden Licht.
Ich erfahre…
Klarheit…
Wachheit…
Bewusstheit…

Heilung…
Ewigkeit…
in diesem strahlenden göttlichen Licht.
Langsam trete ich aus dem Wasserfall heraus…
erfüllt von tiefer Dankbarkeit…
jubilierend vor Freude.
Wie die Bäume, die mich umgeben…
strecke ich meine Arme dem Himmel entgegen…
genieße die Sonne auf meiner Haut…
die mich trocknet…
und wärmt.
Ich bin wie neugeboren.
Ich fühle mich kraftvoll…
jung…
gesund…
glücklich…
ewig…
und frei.

Komm mit deinem Bewusstsein wieder langsam…
und behutsam…
hierher zurück.
Beginne wieder…
dich zu bewegen…
dich zu strecken…
zu dehnen…
mach einen tiefen Atemzug
und tritt wieder ein ins Hier und Jetzt.

MEDITATION

Was ist Meditation?

Obwohl zu einem Modeschlagwort unserer Zeit mutiert, ist Meditation durchaus nichts Neues. Meditiert wurde zu allen Zeiten und in allen Kulturkreisen.

Meditation ist ein wunderbarer Weg, in einen Zustand erweiterter Bewusstheit zu gelangen. Sie bringt unsere Gedankenflut zur Ruhe und eröffnet uns höhere Dimensionen des Denkens und Fühlens.
Meditation ist nicht mit „Wollen" erreichbar. Es ist ein Fließenlassen der Gedanken in absoluter Ruhe – ein „In-sich-versenken", ein Zulassen von allem, was ist.

In der Meditation erfährt der Meditierende Wachheit und Klarheit. Durch wertfreies Beobachten der eigenen Gedankenstrukturen und ohne den Anspruch der Veränderung, verlieren die Gedanken ihren Einfluss. Veränderung wird möglich. Hemmende Glaubenssätze können aufgelöst und durch neue und bessere ersetzt werden.

Wenn du meditierst...
wähle einen ruhigen, ungestörten Ort und setze dich bequem hin.
Der Rücken sollte gerade und die Schultern entspannt sein.
Wenn du meinst, nicht für längere Zeit aufrecht sitzen zu können, kannst du dich auch hinlegen. Jedoch besteht hier die Gefahr des Einschlafens.
Wenn du das Gefühl hast, deine Gedanken nicht zur Ruhe bringen zu können, dann hilft meist Bewegung, die du zuvor machst. Egal welche Form der Bewegung du wählst, sie wird dir dabei helfen, dein Gedankenchaos zu beruhigen.

Das Ziel der Meditation…

Deine Wahrnehmung wird geschärft, du fühlst dich gestärkt und innerlich ausgeglichen und bist dadurch besser imstande, die äußerlichen Anforderungen deines Lebens leicht und mühelos zu bewältigen.

Meditationstechniken

Es gibt verschiedenste Techniken der Meditation, von denen ich hier nun eine kleine Auswahl vorstellen möchte.

☺ **BEOBACHTUNG DES EIGENEN ATEMS**

Konzentriere dich nur auf deinen Atem. Spüre ganz bewusst dein Ein- Und Ausatmen. Lasse nicht zu, dass deine Gedanken abschweifen. hole sie immer wieder zu deinem Atem zurück.

☺ **ATEM-ZÄHLMEDITATION**

Du zählst bei dieser Form der Meditation einfach deine eigenen Atemzüge. Dies ist relativ einfach zu bewerkstelligen, da du es sofort bemerkst, wenn deine Gedanken davon driften wollen und du sie immer wieder zum Zählen zurückholen kannst.

☺ **MEDITATION MIT EINEM MANTRA**

Ein Mantra, ist ein ein- oder zweisilbiges Wort, sehr häufig in Sanskrit, das durch seine ganz eigene Schwingungsfrequenz eine bestimmte Wirkung hervorruft.

☺ **KLANGMEDITATION**

Sie beruht auf der Tatsache, dass bestimmte Töne das Nervensystem ansprechen. Der Körper wird dadurch in eine sanfte Vibration versetzt, die eine tiefe Entspannung bewirkt.

☺ **DYNAMISCHE MEDITATION**

Hier werden – meist im Rhythmus einer bestimmten Musik oder auch im Trommelrhythmus – gleichmäßig immer wiederkehrende Bewegungen durchgeführt, die dich in eine tiefe Versenkung führen.

ÜBUNGSVORSCHLÄGE

...WENN DU EIN PAAR KILO ABNEHMEN MÖCHTEST...

- ☺ Schulterstand
- ☺ Fisch
- ☺ Pflug
- ☺ Kobra
- ☺ Bogen
- ☺ Drehsitz
- ☺ Hand-Fußstellung
- ☺ Fechthaltung

...Wenn du deinen Rücken stärken möchtest...

- ☺ Schulterstand
- ☺ Kobra
- ☺ Heuschrecke
- ☺ Bogen
- ☺ Drehsitz
- ☺ Hand-Fuß-Stellung
- ☺ Halbmond
- ☺ Brücke
- ☺ Liegender Held
- ☺ Krokodil

...WENN DU MEHR RUHE UND GELASSENHEIT ENTWICKELN MÖCHTEST...

- ☺ Totenstellung
- ☺ Drehsitz
- ☺ Pflug
- ☺ Kopf-Knie-Stellung
- ☺ Kobra
- ☺ Kopfstand
- ☺ Entspannungsübungen
- ☺ Wechselatmung

... WENN DU ETWAS FÜR DEINE VERDAUUNG TUN MÖCHTEST...

- ☺ Vollatmung
- ☺ Pflug
- ☺ Kobra
- ☺ Fisch
- ☺ Hand-Fuß-Stellung
- ☺ Dreieck
- ☺ Krokodil
- ☺ Schildkröte

- ☺ Vollatmung
- ☺ Fisch
- ☺ Bogen
- ☺ Krähe
- ☺ Taube
- ☺ Brücke
- ☺ Rad
- ☺ Expander

...WENN DU DEINE KONZENTRATION STEIGERN MÖCHTEST

- ☺ Schulterstand
- ☺ Hand-Fuß-Stellung
- ☺ Krähe
- ☺ Rad
- ☺ Expander
- ☺ Kapalabhati

DO IN KLOPFMASSAGE

Die Do In-Klopfmassage ist eine wundervolle Möglichkeit, deinen ganzen Körper zu aktivieren, Blockaden zu lösen, und dich von Stress und negativen Emotionen zu befreien.

- ☺ klopfe mit den Fingerspitzen den gesamten Kopf ab
- ☺ ziehe und knete die Ohren
- ☺ klopfe mit den Fingerspitzen das Gesicht ab
- ☺ knete deine Augenbrauen von innen nach außen
- ☺ blase deine Wangen auf
- ☺ ziehe an deinen Haaren
- ☺ klopfe mit den Handrücken von unten Hals und Kinn ab
- ☺ klopfe mit den Fingerspitzen den Nacken
- ☺ mit den Fäusten klopfe auf das Brustbein (Thymusdrüse)
- ☺ dann zur linken und zur rechten Schulter
- ☺ klopfe die Arme auf der Innenseite nach unten und auf der Außenseite nach oben
- ☺ klopfe den Bauch, die Hüften und das Gesäß ab
- ☺ die Beine auf der Außenseite nach unten und auf der Innenseite nach oben klopfen
- ☺ eventuell mit einem Partner gegenseitig den Rücken abklopfen
- ☺ setze dich auf den Boden und massiere die Füße
- ☺ verschiebe die Mittelfußknochen gegeneinander
- ☺ rollte mit den Fäusten über die Fußsohlen
- ☺ biege die Zehen nach vorn und nach hinten
- ☺ lockere die Zehengrundgelenke und ziehe die Zehen nach oben weg